Buscando y Descubriendo
EN PUERTO RICO

Diseño Gráfico: Whiteboard Solution LLC

Ilustraciones: Olgy Quiles

1a edición: Abril 2021

Todos los derechos reservados. No se permite la reproducción total o parcial de esta obra, ni su incorporación a un sistema informático, ni su transmisión en cualquier forma o por cualquier medio (electrónico, mecánico, fotocopia, grabación u otros) sin autorización previa y por escrito de Stride Group LLC. La infracción de dichos derechos puede constituir un delito contra la propiedad intelectual.

ISBN 978-0-578-88216-1

© Stride Group, LLC., 2021

Impreso en China.

¡Hola compay'! ¡Saludos comay'!

Les quiero presentar a mi amiga Jibarita.
Con quien me voy a pasear,
por nuestra isla bonita.

Ella es dulce, tierna, simpática y aventurera.
Disfruta estar afuera y bailar en las fiestas.

Le encanta viajar e ir por el mundo a soñar.
Inglés sabe hablar y cuadros bonitos pintar.

Es por eso que visitaremos lugares de la isla.
Jugaremos, reiremos,
buscando y descubriendo.

I introduce you to Jibarita, my friend.
With whom I would travel around the island.
A wonderful and special place.

She is sweet and kind, likes adventures, and is nice.
Loves to travel the world, the outdoors and dancing.
She also knows English, and paints beautifully,
like an artist.

We will visit many places
Oh how much we will laugh.
Looking and finding
We will play a lot.

Encuentra la bandera de Puerto Rico escondida en cada página.
Find in each scene a hidden Puerto Rican flag.

En el Tablado de Isabela
 caminando o en bicicleta
al mar llegamos a admirar,
 con la arena jugar
 y el aire puro respirar.

On foot or by bicycle,
 we enter Isabela's Tablado
 to admire the sea,
 play with sand,
 and fresh air breathe.

Hasta la Plaza Pública de Lares
llega todo tipo de visitante;
ya que su historia es sumamente interesante
y para nuestra cultura es muy importante.

All kinds of visitors arrive at Lares Public Square. Its history is interesting, and in our culture, important to share.

¿Puedes encontrar estos objetos? | Can you find these objects?

- caballo de carrusel
- piragüa
- bacalaito
- Escudo de Puerto Rico
- platanutre
- paloma sabanera
- bandera de Lares
- piña colada

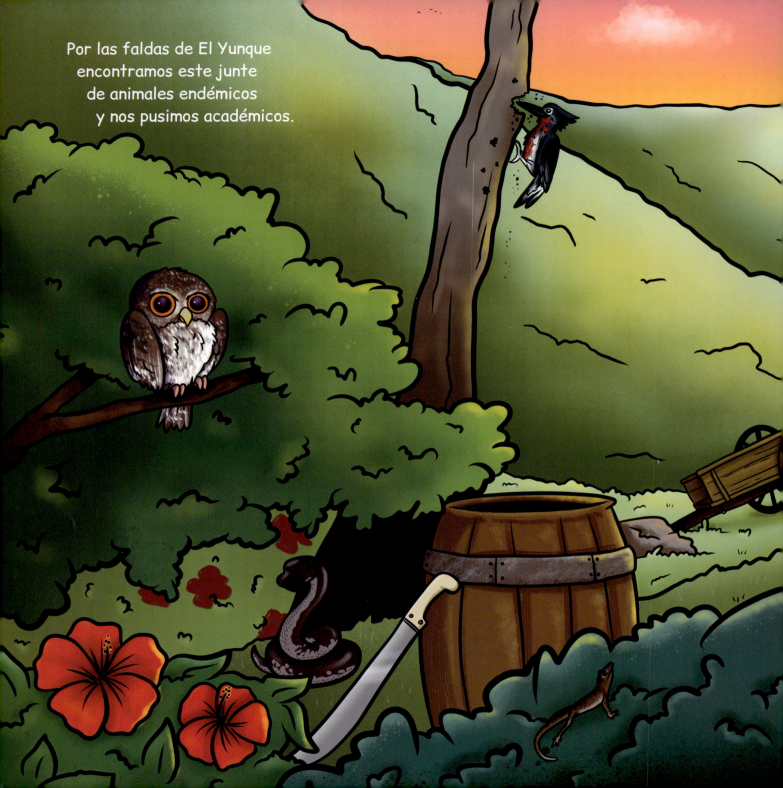

We found an interesting gathering
at El Yunque mountain base.
Many animals to that place endemic,
so, we had to turn academic.

¿Puedes encontrar estos animales? | Can you find these animals?

 murciélago

San Pedrito

escarabajo barrenado

boa de Puerto Rico

 múcaro

 coquí llanero

 carpintero de Puerto Rico

 sapo concho

A mi abuela en su casita
vinimos a visitar.
Su comida es la más rica,
un día te voy a invitar.

Grandma's house
we came to visit.
Someday I will invite you,
her food is exquisite.

¿Puedes encontrar estos objetos? | Can you find the objects?

 pava   café puya   quinqué   pilón   dóminos   media de café   güanime   reyes tallados

Olor a monte, olor a vida;
la zona cafetalera es divina.
Donde se produce el mejor café del mundo.
Pregúntale a los Reyes,
que como este ninguno.

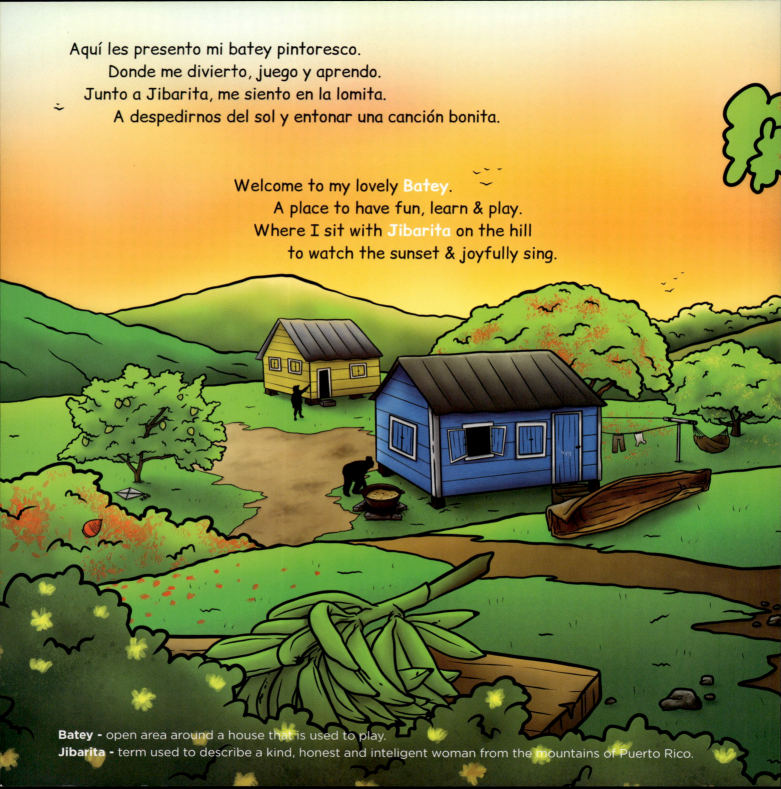

Aquí les presento mi batey pintoresco.
Donde me divierto, juego y aprendo.
Junto a Jibarita, me siento en la lomita.
A despedirnos del sol y entonar una canción bonita.

Welcome to my lovely **Batey**.
A place to have fun, learn & play.
Where I sit with **Jibarita** on the hill
to watch the sunset & joyfully sing.

Batey - open area around a house that is used to play.
Jibarita - term used to describe a kind, honest and inteligent woman from the mountains of Puerto Rico.

¿Puedes encontrar estos objetos? | Can you find the objects?

vasito de maví · chiringa · yagua · canicas · trompo · cotorra · hamaca · gallitos

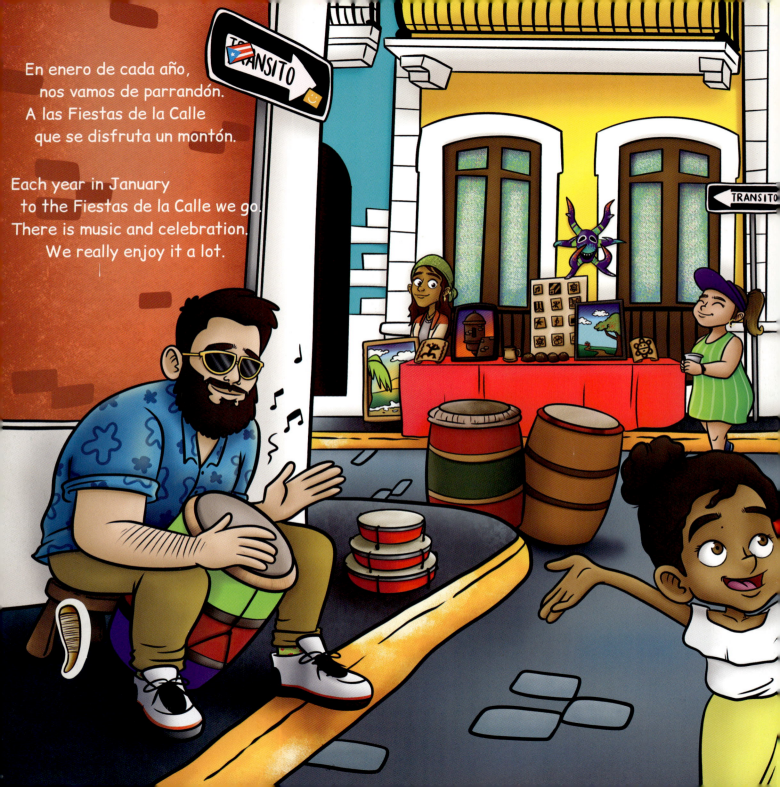

¿Puedes encontrar estos objetos? | Can you find these objects?

 sombrero de plena
 maracas
 güiro
 tambor de bomba
 vegigante
 morro
 pleneras
 cabezudo

¿Puedes encontrar estos platos? | Can you find these dishes?

 majarete

 chillo entero frito

 amarillitos

 chuleta kan kan

 mofongo

 dulce de grosellas

 arroz blanco y habichuelas

 crema de plátano

Esperamos hayas disfrutado
pasear por los lares borincanos.

Cuidar nuestra tierra
y los tesoros que encierra
es tarea para todo el que quiera.

No tirar basura ni maltratar los animales;
cuidar la flora y alejarnos de los males,
tratar con respeto, ser honrados y honestos
es la mejor forma de ser dignos puertorriqueños.

Cuida tu corazón, que puro esté siempre.
Sueña con ilusión;
mantén la esperanza ferviente.

Eres importante.
Eres especial.
Eres brillante y valiente.
Eres buena gente.

We hope you have enjoyed
through Puerto Rico traveling around.

With so much beautiful treasure,
that only here can be found,
is our responsibility
to look after this land of great renown.

To be a worthy Puerto Rican,
treat others with respect,
be honest and kind,
care about nature, always smile.

Guard your heart so it is always clean,
constantly have hope and dream big dreams.

You are important,
You are special.
You are smart and brave.
You are buena gente.

Buena Gente - Person who distinguishes himself by being humble and kind.

Güanime
Torta de harina de maíz en forma de cilindro estrecho y envuelto en hojas de plátano. Se cree que los taínos llamaban a esta especie de sorullito, güanime.
Corn flour cake in the shape of a narrow cylinder wrapped in banana leaves. It is believed that the Taínos called this, güanime.

Quinqué
Lámpara portátil de petróleo o aceite con un tubo de cristal para resguardar la llama.
Portable oil or petroleum lamp with a glass tube to protect the flame.

Café Puya
Distintivo para mencionar el café fuerte, sin leche ni azúcar.
Distinctive, to name strong coffee, without milk or sugar.

Flor de Maga
Flor símbolo de Puerto Rico. Nombre científico es el Thespesia Grandiflora (Malva Ceae), se caracteriza porque su flor florece y fructifica durante todo el año.
Symbol flower of Puerto Rico. Scientific name is the Thespesia Grandiflora (Malva Ceae), it is characterized because its flowers bloom and bear fruit throughout the year.

Cobito
El cangrejo ermitaño, llamado "cobito" en Puerto Rico, vive en las costas. No tiene concha propia, y para protegerse de depredadores y deshidratación, utiliza conchas vacías.
The hermit crab, called "cobito" in Puerto Rico, lives along the coasts. It has no shell of its own, and to protect itself from predators and dehydration, it uses empty shells.

Platanutre
Hojuelas fritas de plátanos.
Fried banana chips.

Pava
Sombrero hecho de paja utilizado en los campos.
Hat made of straw, used in the fields of Puerto Rico.

Búsca las pegatinas al final del libro y pégalas en el lugar indicado.

Find the stickers in the last page of the book and place them in the correct spot.

Piragüa
Dulce hecho de hielo raspado y cubierto de sirope con sabor a frutas.
Dessert made of shaved ice and covered with fruit-flavored syrup.

Pilón
Envase o jarrón redondo en madera. Se utiliza para triturar o majar diferentes cosas.
Round wooden container or vase. It is used to grind or mash different things.

Candungo
Envase o recipiente
Container

Gallito
Semilla preparada del árbol de algarroba. La misma se perfora y se amarra a un pedazo de cordón denominado "cabulla". El juego consiste en golpear el gallito del contrincante hasta que logre romperlo.
Seed of the Carob Tree. It is perforated and tied to a piece of string called "cabulla". The game consists of hitting the opponent's "gallito" until it manages to break it.

Trompo
Hecho de madera en forma de cono, con un clavo en la punta sobre el que baila. Para jugarlo se le enrolla un cordón alrededor y se sujeta en uno de los extremos. Se puede jugar en competencia y el que más tiempo se mantenga bailando gana.
Made of wood in the shape of a cone, with a nail at the tip on which it spins. To play it, a cord is wrapped around it and fastened at one end. It can be played in competition and the one who keeps spinning the longest wins.

Chiringa
En Puerto Rico se utiliza para referirse a volantines, cometas o papalotes.
In Puerto Rico it is used to refer to kites.

Hamaca
Palabra taína que hace referencia a una red. Hecha de hilos o tela; se cuelga de los extremos y sirve de cama.
Taino word that refers to a net. Made of threads or cloth; it is hung from the ends and serves as a bed.

Maví
Bebida a base de la corteza del árbol Colubrina Elliptica, azúcar y especias.
Drink made from the bark of the Colubrina Elliptica Tree, sugar, and spices.

Bacalaito
Fritura hecha de harina, bacalao y especias.
Fried food made of flour, codfish, and spices.

Canicas
Pequeñas esferas o bolas de cristal. Se juega haciendo rodar las bolitas con la presión que hace el dedo índice y el pulgar para que rueden o choquen entre sí.

Small spheres or crystal balls. The game is played by rolling the balls with the pressure of the index finger and thumb to make them roll or collide with each other.

Yagua
Tejido fibroso que rodea la parte superior y más tierna del tronco de la palma. Los niños la utilizan para tirarse por las lomas sentados sobre ella.

Fibrous tissue that surrounds the upper and more tender part of the palm trunk. Children use it to throw themselves down the hills sitting on it.

Mofongo
Plátano frito majado en pilón y sazonado con ajo, especias, mantequilla y chicharrón.
Fried plantain mashed in a pilón **and seasoned with garlic, spices, butter and pork.**

Dulce de Grosellas
Postre clásico puertorriqueño elaborado con ésta baya silvestre, azúcar y canela. Árbol Phyllantus Acidus, su fruta es agria y de color amarillo claro.

Puerto Rican classic dessert made with this wild berry, sugar, and cinnamon. Phyllantus Acidus Tree, its fruit is sour and light yellow in color.

Majarete
Delicioso postre boricua a base de harina de arroz y leche de coco; se consume mayormente en época navideña.

Delicious Puerto Rican dessert made with rice flour and coconut milk; it is mostly consumed during the Christmas season.

¡Vas bien! No te rindas hasta que pegues todas las pegatinas.

You're doing great! Dont give up until you have placed all the stickers.

Pleneras
Instrumentos de percusión pertenecientes al grupo de los tambores de marco. Un conjunto de 3 panderos. Se tocan usualmente en música de plena. Vienen en tres tamaños: el primo o requinto, el segundo o seguidor, y el tercero, bajo o tumbador.

Percussion instruments belonging to the frame drum group. A set of 3 panderos are usually played in plena music. They come in three sizes: the primo or requinto, the second or seguidor, and the third, bajo or tumbador.

Güiro
Instrumento de percusión en la rama de raspadores. Los güiros tradicionales provienen del calabazo seco.

Percussion instrument in the "raspadores" branch. The traditional güiros come from the dried calabazo.

Cabezudo
Máscaras de cabezas gigantes que representan figuras icónicas de la cultura. Personas se disfrazan con ropa representativa de la figura mientras marchan en carnavales y eventos culturales.

Giant head masks representing iconic cultural figures. People dress up in clothing representative of the figure while marching in carnivals and cultural events.

Vegigante
Figura folklórica vestida de colores que lleva una máscara que se conoce como Careta. Hecha de papel maché o cáscaras de coco; luce una variedad de cuernos, colmillos y picos. Están pintadas y ensambladas a mano.

Colorfully dressed folkloric figure wearing a mask known as a Careta. Made of papier-mâché or coconut shells, it sports a variety of horns, fangs and beaks. They are painted and assembled by hand.

¡Sígueme para aprender más!
Follow me to learn more!

Paloma Sabanera

- La paloma sabanera puertorriqueña es un ave endémica de Puerto Rico en peligro de extinción.
- Su tamaño es similar al de la paloma común. Un distintivo son sus ojos azul-grisáceos claro.
- Comen variedad de plantas como las frutas de la palma real. Toman agua que se acumula en bromelias.
- Normalmente viven entre los pueblos de Lares y Utuado.

- The Puerto Rican Paloma Sabanera, is an endangered endemic bird of Puerto Rico. Its size is similar to the common pigeon. One of the differences is that its eyes are light blueish gray.
- These birds eat a variety of plants such as the fruits of the royal palm, and drink water that accumulates in bromeliads.
- Normally they live between the towns of Lares and Utuado.

Pájaro San Pedrito

- Ave única de Puerto Rico, la cual es pequeñita pues solo mide poco más de 4 pulgadas.
- Su pico es recto, ancho y largo para el tamaño tan diminuto del ave.
- La cola muy corta. Sus anchas alas permiten el vuelo ligero entre la densa vegetación.
- "Gri-Gri": El canto es parecido al de los grillos.
- Para alimentarse se posa quieto en una rama hasta que observa una presa y vuela hasta el lugar para capturarla. Se alimenta mayormente de insectos, pero también come arañas, lagartijos pequeños y algunas frutas.
- Habita en bosques húmedos y secos, bosques secundarios, cafetales bajo sombra, manglares y franjas de bosque cerca de áreas urbanas.

- Unique bird of Puerto Rico, which is very small, measuring only a little over 4 inches.
- The beak is straight, wide, and long for the bird's tiny size.
- The very short tail and broad wings allow for light flight through dense vegetation.
- "Gri-Gri": Their song is like the sound made by crickets.
- To eat, they perch quietly on a branch until they spot prey and fly to the spot to capture it. It feeds mostly on insects, but also eats spiders, small lizards, and some fruit.
- It lives in humid and dry forests, secondary forests, shaded coffee plantations, mangrove swamps and forest strips near urban areas.

Boa de Puerto Rico

- También llamada "culebrón", es la culebra más grande de Puerto Rico.
- No es venenosa, y su color es variable, pues puede ser color marrón claro u oscuro, color gris o negro.
- Alcanza hasta seis pies y medio de largo, aunque pueden existir de mayor tamaño.
- Se alimentan de lagartijos, insectos, y otros vertebrados. Las más grandes se alimentan de aves pequeñas, ratones y murciélagos.
- Habita en zonas frescas y boscosas, aunque debido a la destrucción de su hábitat se la puede encontrar cerca de las poblaciones e incluso convive con el hombre normalmente en el campo.

- Also called "culebrón", it is the largest snake in Puerto Rico
- It is not venomous, and its color is variable, as it can be light or dark brown, gray, or black.
- They can reach up to six and a half feet long, although they can be larger.
- They feed on lizards, insects, and other vertebrates. Larger snakes feed on small birds, mice, and bats.
- They live in cool, wooded areas, although due to habitat destruction it can be found close to populations and even coexists with humans, usually in the countryside.

Murciélago de Puerto Rico
- En Puerto Rico hay 5 diferentes especies de murciélagos.
- Controlan las poblaciones de mosquitos y dispersan semillas de algunos árboles.
- Algunas comen insectos, otras comen frutas, otras peces, y una de ellas se alimenta de néctar de flores.
- Normalmente viven en cuevas y zonas boscosas.

- In Puerto Rico there are 5 different species of bats.
- They are very important! They control mosquito populations and disperse seeds from some trees.
- Some of the species eat insects, others eat fruit, other eat fish, and one of them feeds on flower nectar.
- They normally live in caves and wooded areas.

Pájaro Carpintero de Puerto Rico
- Es autóctono de Puerto Rico. Es común y abundante en toda la isla.
- "Tok-Tok-Tok": El sonido que hace al golpear la madera.
- El macho excava un hueco en un árbol, palma, o poste del tendido eléctrico, donde la hembra pone de 4 a 6 huevos blancos que ambos incuban.
- Para alimentarse, excava con el pico bajo la corteza de tallos y ramas para remover insectos con su lengua larga y pegajosa. También come frutas, moluscos, lombrices, arañas, lagartijos y coquíes.
- Habita en bosques húmedos y secos, bosques secundarios, cafetales bajo sombra, manglares y franjas de bosque cerca de áreas urbanas.

- It is native to Puerto Rico and is common and abundant throughout the island.
- "Tok-Tok-Tok-Tok": The sound it makes when knocking on wood
- The male digs a hole in a tree, palm, or power line pole, where the female lays 4 to 6 white eggs that both incubate.
- To eat, it digs with its beak under the bark of stems and branches to remove insects with its long, sticky tongue. They also eat fruits, mollusks, worms, spiders, scorpions, lizards, and coqui frogs.
- It inhabits humid and dry forests, secondary forests, shaded coffee plantations, mangroves, and forest fringes near urban areas.

Escarabajo Barrenador Gigante
- Es una de las especies endémicas de Puerto Rico.
- "Zummmm": Así es el zumbido que produce, muy parecido al de un colibrí o un enjambre de abejas. Esta especia es relativamente pesada.
- Cuando nacen, son larvas, y comen materia vegetal viva de las raíces y troncos de árboles. En su etapa adulta, que dura aproximadamente 1 mes, no comen.
- Viven en los bosques pocos perturbados de la montaña. Son atraídos por la luz, por lo que algunas veces llegan a postes y faroles de las casas.

- It is one of the endemic species of Puerto Rico.
- "Zummmm": This species is relatively heavy. When it takes flight, it produces a buzzing sound similar to that of a hummingbird or a swarm of bees.
- When they hatch, they are larvae, and eat living plant matter from tree roots and trunks. In their adult stage, which lasts about 1 month, they do not eat.
- It lives in undisturbed mountain forests. They are attracted to light, so they sometimes reach poles and house lamps.

Múcaro

- El Múcaro es autóctono de Puerto Rico.
- Se distingue por el plumaje oscuro que cubre casi toda la espalda y por las cejas blancas.
- Buen oído: Ubica sus presas asistido por el sentido de la audición. Las plumas del rostro forman un disco facial que recoge y canaliza los sonidos hacia los oídos.
- Se alimenta mayormente de insectos grandes, pero también captura escorpiones, coquíes, lagartijos, aves y ratones.
- Se encuentra alrededor de toda la isla, en bosques y cerca de áreas urbanas.

- The Múcaro is native to Puerto Rico.
- It is distinguished by the dark plumage that covers almost all of its back and by its white eyebrows
- Great ears: It locates its prey with the help of its sense of hearing. The feathers of the face form a facial disk that collects, and channels sounds to the ears
- It feeds mostly on large insects, but also catches scorpions, coqui frogs, lizards, birds, and mice.
- Where do they live? There are many, all over the island, being found in forests and near urban areas.

Coquí Llanero

- El coquí llanero es una especie autóctona de Puerto Rico la cual está en peligro de extinción.
- ¡Es pequeñito! Del tamaño de una pequeña moneda.
- "Chip": El sonido que hace, con alta frecuencia.
- ¿Qué comen? Normalmente comen hormigas, cucarachas y grillos.
- Esta especie solo se ha encontrado en un humedal en la antigua Base Naval de Sábana Seca.

- The coquí llanero is a species native to Puerto Rico that is in danger of extinction.
- It is very small! The size of a small coin.
- "Chip": The sound it makes, with high frequency.
- They usually eat ants, cockroaches, and crickets.
- This species has only been found in a wetland at the old Naval Base at Sábana Seca.

Lagartijo Jardinero de la Montaña

- Es muy común en la isla.
- ¡Qué lindo! Este lagartijo es más fino y delicado que otras especies. Su nombre científico, Anolis Pulchellus, literalmente significa lagartijo bonito.
- ¿Qué comen? Entre las yerbas encuentra caracolitos, hormigas y maripositas que le sirven de alimento.
- Habita alrededor de todo Puerto Rico, hasta los 2,000 pies de altura. El lagartijo jardinero ronda los patios debido a su atracción por la yerba. De allí pasa a las terrazas, los postes y las verjas, pero rara vez entra a las casas.

- Very common on the island .
- So cute! This lizard is finer and more delicate than other species. Its scientific name, Anolis Pulchellus, literally means pretty lizard.
- What do they eat? Among the grasses it finds snails, ants and butterflies that serve as food.
- It lives all over Puerto Rico, up to 2,000 feet above sea level. The garden lizard hangs out in backyards because of its attraction to grass. From there it moves to terraces, light poles, and fences, but rarely enters homes.

Zumbador Verde
- Esta ave es endémica de Puerto Rico, es una pequeña de pico largo y curvo.
- El zumbador verde es completamente verde iridiscente.
- Al igual que otras especies de zumbadores, no se alimenta solamente del néctar de las flores, sino que también come insectos, arañas y otros invertebrados pequeños.
- Habita principalmente en la región montañosa. Sin embargo, también puede encontrarse en la costa y tierras bajas, aunque con menos frecuencia.

- This bird is endemic to Puerto Rico, it is a small bird with a long and curved beak.
- Beautiful color! The green hummingbird is completely iridescent green.
- What do they eat? Like other species of hummingbirds, it does not feed only on flower nectar, but also eats insects, spiders, and other small invertebrates .
- Where do they live? It lives mainly in the mountainous region. However, it can also be found in coastal and lowland areas, although less frequently.

Bienteveo
- El Bienteveo es autóctono de Puerto Rico.
- ¿Sabías que los huevos de esta ave son color rosado con manchas oscuras?
- Se desplaza por el follaje denso en busca mayormente de insectos, aunque también consume arañas, lagartijos y frutas.
- Habita en bosques húmedos y secos, cafetales bajo sombra y franjas de bosque cerca de áreas urbanas.
- Abunda más en la mitad oeste de la isla y está ausente del extremo este.

- The Bienteveo is native to Puerto Rico.
- Did you know that the eggs of this bird are pink with dark spots?
- What do they eat? It moves through dense foliage in search of mostly insects, although it also eats spiders, lizards, and fruits.
- They inhabit humid and dry forests, coffee plantations and forest strips near urban areas. It is more abundant in the western half of the island and absent from the eastern end.

Cotorra Puertorriqueña
- La cotorra puertorriqueña es nativa de Puerto Rico y está en peligro de extinción.
- Se estima que solamente existen entre 200 a 300 de estas aves.
- ¡Son una belleza! Su color es primordialmente verde, las puntas de las alas son de un color azul cielo, visible únicamente cuando está en vuelo. Tiene un anillo blanco alrededor del ojo y una banda roja sobre su pico.
- Se alimentan de los frutos, hojas y semillas de más de cuarenta tipos de árboles y arbustos.
- Hoy en día, solamente se encuentra en las zonas de bosque tipo palo colorado, palma de sierra y tabonuco de las altas zonas de la Sierra de Luquillo, dentro del Bosque Nacional del Caribe.

- The Cotorra Puertorriqueña is native to Puerto Rico and is in danger of extinction.
- It is estimated that only 200 to 300 of these birds exist.
- They are a beauty! Its color is primarily green, with the wing tips being a sky-blue color, visible only when in flight. It has a white ring around its eye and a red band over its beak.
- They feed on the fruits, leaves and seeds of more than forty types of trees and shrubs.
- Where do they live? Today, only in the palo colorado, palma de sierra and tabonuco forests in the highlands of the Sierra de Luquillo, within the Caribbean National Forest.

echa compay'

Síguenos y compártenos a qué parte del mundo llegó La Jibarita y El Jibarito.

 jibaritodelacajita